AF254092

POISSONS D'AVRIL

LA

CHARRUE-FOUILLEUSE

DE BACON

ATTELÉE A LA VACHE DE GAMBON

PRIX : 50 Centimes.

PARIS

SE VEND A LA LIBRAIRIE INTERNATIONALE

12, BOULEVARD MONTMARTRE, 12

1871

PREMIER SOUVENIR

LA VICTOIRE

PAR NOTRE DROIT

Après communication

faite le 7 novembre 1870 au Gouvernement de la Défense nationale

---

DEUXIÈME ÉDITION

DÉDICACE

Je dédie cette brochure aux ouvriers de toutes les communes de mon département, petits et grands, que le souvenir de mon nom intéresse.

BACON (DU GERS),

LE SOUFREUR.

Paris, 1er avril 1871.

À M. JULES FAVRE

Mon sillon creusé dans les annales de ma région agricole m'autorise, je crois, à mettre sous votre protection la vérité de mes déductions politiques.

Elles sont le corollaire de l'opinion républicaine dont vous avez accepté la représentation des principes à nos assises électorales dernières, en opposition aux principes de nos adversaires, MM. Granier de Cassagnac et Lacave-Laplagne, fils du ministre des finances de Louis-Philippe.

Daignez agréer, Monsieur, l'hommage de mes sentiments les plus respectueux.

BACON (du Gers).

Paris, 11 novembre.

LA VICTOIRE

PAR NOTRE DROIT

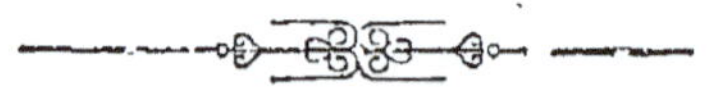

En analysant le droit des faits acquis par le déplacement de l'ordre politique et social qu'opéra la révolution de nos pères, et divisant une juste part d'existence entre chacune des institutions gouvernementales qui se sont succédé depuis Louis XVI jusqu'à nous, ces quatre-vingts années passées de cette nouvelle époque nous donnent, en moyenne, chaque dix ans, un renversement de gouvernement.

Il est juste de sortir de ces révolutions infailliblement périodiques, dont les effets nous sont si désastreux, et de nous fixer sur une base politique et sociale dont rien ne puisse ébranler la solidité.

Pour cette raison, après nos revers de Sedan, nous nous sommes rejetés vers la République, et nous l'avons acclamée de tous nos cœurs, comme notre ancre de salut.

Cette acclamation de la République, à Paris, ne dégage pas encore la France de ses liens d'attache au gouvernement dont le chef est devenu le captif de Guillaume de Prusse, et, le jour où il faudra traiter de la paix, nos embarras peuvent devenir énormes et dangereux pour l'établissement des nouvelles institutions que nous désirons de tous nos vœux.

Donc, à notre avis, le soin de notre reconstitution politique et sociale devrait marcher de pair avec celui de notre énergique défense.

Pensons-y sérieusement, et résumons-nous.

Si notre République doit être la représentation de cette vérité se montrant indépendante de toute autorité, telle que la veut et doit l'avoir un peuple libre, conformons-nous aux principes de Bacon d'Angleterre.

Depuis trois siècles, ce grand réformateur, flétri par Jacques Ier, son roi, descend de monde en monde, passant par la même formule autoritaire de l'impression du moment, du *juste* à *l'injuste*, de *l'injuste* au *juste* ; roulant ainsi sans cesse du *juste* à *l'injuste*, et de *l'injuste* au *juste*, pour arriver par un grand *injuste* au grand *juste* où il se trouve aujourd'hui par l'autorité de Napoléon III, auquel la France avait confié l'exercice de ses droits en se courbant sous le despotisme de sa volonté absolue.

C'est ainsi que ce César, Corse-Hollandais, semblait vouloir s'éclairer et se diriger d'après notre juste volonté, en nous consultant par l'impôt autoritaire de sa royale formule : *oui* et *non*.

Je suis natif du département du Gers, et dans mes foyers, en ce moment, on mange de beaux bœufs, de gros dindons, de jolies cocottes grasses.

Ici, par la destinée de mon nom, je mange du cheval et de cocottes, point.

Tout le gras est parti.

Ils vont le manger là-bas par la volonté de leur injuste *oui;* et pour peu que ça continue comme ça va depuis son siége, Paris mangera de vilains chiens, quelques bons chats, des rats hideux, et cela, par la volonté de son juste *non*.

Aujourd'hui, si la République est ou plutôt doit être le gouvernement acclamé par les vœux de tous les Français, Paris demeure et doit demeurer la capitale de la France.

Paris devant obéir et obéissant, par une exception provisoire, à un gouvernement de la défense nationale qu'il a nommé lui-même, la France doit obéir, et obéit, *je crois*, à ce gouvernement de la défense nationale.

Cette situation ainsi posée et acceptée : Paris étant la capitale de la nation française, et se gouvernant par une autorité transitoire de son choix, si la partie de la nation de laquelle il est matériellement séparé, le laisse isolé en ne pouvant pas venir à son aide, 1° par les armes dans sa lutte héroïque contre ses envahisseurs ; 2° par les votes pour constituer un gouvernement politique, Paris doit être seul maître de ses destinées, et, par ce fait, il a le droit d'instituer légalement le gouvernement de son choix.

Ce gouvernement ne peut être édicté et reconnu humainement juste qu'en le basant, pour sa forme, sur cette vérité de Bacon, telle qu'elle apparaît, avec toute la quintessence du droit, dans son *Exemplum tractatûs de justitiâ universali sive de fontibus juris*. (Aphor, 73.)

Ça presse; hâtons nous !

Nous combattons un ennemi dont les instincts grossiers et les appétits insatiables n'ont eu de trêve, en aucun temps, devant les sentiments d'humanité et de raison.

Assez de ces généreux efforts de notre digne et vaillant gouvernement de la défense nationale.

Que l'académicien de Napoléon III parle aujourd'hui à l'Allemagne et à l'Europe entière par la voix de Bacon, le grand chancelier d'Angleterre, et M. de Bismark, le grand chancelier de Prusse l'écoutera.

Pour cela, que tout le peuple de Paris accoure à ses comices, afin d'y choisir des hommes auxquels la responsabilité de leur justice permette de saper tout le porte-couronne du passé, en le remplaçant par les quatre décrets fondamentaux sur lesquels, seuls, peut reposer la République française de ce jour :

1º L'instruction gratuite et obligatoire ;

2º La séparation de l'Église et de l'État ;

3º Là suppression de l'armée permanente ;

4° Le remplacement de la magistrature inamovible par la magistrature amovible : soit les juges éligibles et rééligibles par leurs justiciables dans chaque arrondissement, et conservant, là où elles sont, nos grandes Cours, sauvegarde de nos droits, en faisant leurs magistrats éligibles et rééligibles par tous les membres de nos illustres barreaux.

Sans cela, courage ! courage ! et encore courage ! ! !

Après ?

Quelle tristesse !

Tenez, disons-le, c'est vrai :

Quel est l'historien du plus grand monde passé et présent qui ait peint et puisse dépeindre encore une agriculture aussi belle, aussi avide de travail que la nôtre, si fatalement attachée au croc de l'ignorance ?

Comment, alors, arracher les racines de cette hérédité de races des rois, funeste aujourd'hui à la tranquillité et au travail de la France ?

*
* *

Le gouvernement que Paris peut décréter, nous fixe tous, sans secousse, et avec toutes les garanties, les plus justes, de tous les droits acquis jusqu'ici par chacun de nous, y compris, au premier chef, les droits de notre foi religieuse et ceux de chacune de nos croyances.

Cette vérité de Bacon, dont l'application trouve aujourd'hui, en France et à Paris surtout, la raison d'être proclamée par votre voix de peuple le plus grand de la terre, voix sortie de la plus infiniment profonde matière, cette vérité vous élève tous, hommes et croyances, à la hauteur d'où Josué envisageait le monde, car nous retournons à lui en passant par Colomb et Galilée ; et la justice, qui parle enfin avec autorité, nous dit : Restez-là, chacun à votre place, sous cette lumière qui vous éclaire tous, en en recevant chacun votre part équitable.

Nous aurons alors un mode de gouverner qui nous mettra à l'abri de ces révolutions périodiquement infaillibles, depuis l'exécution d'un de nos rois.

Nos lois se feront sans trouble ni réaction.

Elles ne seront que le résultat vrai de nos besoins.

Possesseurs de tous les droits qui font un peuple fort et sage, nous n'aurons plus à nous en dessaisir.

Notre magistrature, l'expression directe de notre volonté, sera grande par son savoir acquis, et supérieurement juste par son indépendance.

Notre territoire sera désormais inviolable.

Chacun aura son chassepot pour garder son foyer.

Un général honnête, choisi parmi nos braves, accompagné de son état-major, résidera dans chaque département.

Ses officiers et sous-officiers, dispersés pendant la semaine dans les villes des cantons, les villages et hameaux des communes, y suivront, comme nous tous, le travail de leur vie.

Chaque dimanche, jour de repos, ils apprendront aux jeunes hommes, vigoureux et capables de défendre leur patrie, les règles stratégiques et pratiques de l'attaque et de la défense, par trois heures d'exercice militaire obligatoire.

Un dimanche de chaque mois, les communes se grouperont au canton, le bissac plein, pour y développer en masse les progrès de leur savoir de soldats, afin qu'aux dimanches de l'année où toutes les forces des départements devront se réunir au Champ de Mars des chefs-lieux, les généraux puissent bien se rassurer sur toutes leurs garanties aux cas néfastes de la guerre.

Notre marine se réglementera d'après la marine anglaise et celle des États-Unis d'Amérique.

Alors l'impôt du sang, entrave du travail, si déchirant pour nos cœurs de pères, n'aura plus sa raison d'être.

L'Église, dégagée de ses liens avec l'État, sera le triomphe de la raison et de sa gloire.

Ses prêtres, nos concitoyens, nos frères, nous donneront l'exemple des vertus et seront la consolation de bien de nos maux par leur enseignement de la morale pratique.

La richesse de la France deviendra d'une grandeur incomparable.

Dégagée de ses plus fortes charges, sans rien blesser, sans rien briser, dans peu d'années, elle verra toutes ses dettes s'éteindre.

*
* *

Paris, Peuple-Roi aujourd'hui, peut, dans six jours, réglementer la République et la proclamer légalement à la face du monde entier, en ordonnant aux hommes justes, choisis dans ses comices, d'emboucher la trompette plébiscitaire avec serment, sous peine de mort, de la couler après dans ses canons, et de s'adresser ainsi à toute la nation libre : Jure que tu dis par *oui* ou par *non*, avec tout ton courage, protégé par ton droit de liberté, si, ainsi assise, la République française de 1870, une et indivisible, DOIT VIVRE?

Tous les Français de cœur se lèveront alors pour venir, par un OUI le plus grand et le plus vrai de tous les temps, à la délivrance de leur chère Capitale.

Ainsi, tous concitoyens, libres penseurs et croyants, l'arme au bras, appuyée de notre héroïque courage, nous nous précipiterons sur ce cruel ennemi qui, avant de nous repousser, y réfléchira à deux fois.

Les nations, qui nous regardent impassiblement aujourd'hui, verront en nous un principe équitable de liberté, égalité, fraternité, principe que, pour sauvegarder leurs destinées futures, elles ne laisseront pas attaquer sans mot dire.

Si nous somme vaincus, alors, nous mourrons tous sous les cendres de notre cité, la superbe, hier encore joyeuse hospitalière de tout l'univers, et nous nous y ensevelirons avec nos droits les plus sacrés de vivre.

Lutèce demeurera le merveilleux Paris de son

époque, et la postérité un jour dira ce qu'il advient des victoires acquises, contre la civilisation, par la force brutale.

Bacon (du Gers), *Agriculteur*.

Novembre 1870.

P. S. — A cette dernière heure, circule la rumeur de l'élection d'une Assemblée constituante, dans le but d'établir un gouvernement régulier.

D'après certaines opinions, cette assemblée devrait se réunir en dehors de Paris.

Malgré la quasi-impossibilité de cette mesure, l'idée seule de son adoption serait une imprudence politique des plus grandes.

Paris ne doit pas perdre de vue, un seul instant, que c'est à lui qu'appartient l'honneur d'avoir cimenté la chute de l'empire en acclamant, le premier, cette République.

Nous l'acceptons tous, avec la joie la plus grande.

Seulement nous lui demandons, avant tout, quelle est sa République?

Est-ce la vraie, la seule possible, la seule inébranlable?

Celle dont la représentation exécutive doit être une autorité automatique, isolée de tous les pouvoirs de la nation, pouvoirs que nous devons concentrer dans chacun de nos foyers?

3

Dans ce cas, qu'il vote pour le dire, et que toute la France l'approuve.

Lyon, Marseille, Bordeaux, Toulouse, toutes nos grandes villes enfin demandent qu'il s'explique.

Qu'il laisse de côté, pour un moment, sa grande question prussienne. Il a le temps de réfléchir et de délibérer à son aise.

Nous avons encore de quoi manger, et tant que le général Trochu aura les clefs de ses portes, M. de Bismark et tous les siens attendront.

Pas de faux-fuyant, pas de tangente.

Que cette révolution de 1870 soit bien notre dernière.

Sinon, les *oui* et *non* recommenceront.

Et alors, qui vivra verra.

Dans cinquante ans l'Europe sera républicaine ou cosaque, a dit Napoléon le Grand, à Sainte-Hélène.

H. B.

DEUXIÈME SOUVENIR

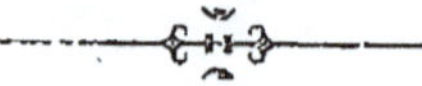

CLUB DE LA DÉLIVRANCE

(29 JANVIER 1871)

PEUPLES ET ROIS

AU CITOYEN LACAVE-LAPLAGNE

REPRÉSENTANT DE SA RÉPUBLIQUE

A VERSAILLES

MONSIEUR LE DÉPUTÉ DES LIEUX CHERS A MES JEUNES
ET VIEUX ANS,

En souvenir de ma CHARRUE-FOUILLEUSE, demeurée en question, entre vous et moi, j'espère que vous daignerez prendre mes PEUPLES ET ROIS sous votre haute protection.

J'ai l'honneur de vous en prier, par amour pour nos paysans, nos frères, en vous souhaitant de longs bons jours, avec ma salutation la plus distinguée.

BACON (DU GERS).

Paris, 1er avril 1871.

PEUPLES ET ROIS

27 janvier 1871.

A l'homme dont la pensée se reporte aujourd'hui aux principes de la raison, l'aspect de Paris doit être un bien pénible enseignement.

Brisé par les ans, le travail et les douleurs, anxieux de nouvelles, palpant nos destinées, nous nous sommes traîné hier soir au *Lupanar* de la rue Saint-Honoré, qui, en échange de son vieux titre, porte celui de *club de la Délivrance*.

Tout le long de la route, suivant les boulevards, à l'orgie de l'estrade, au grand plein des cafés, nous apparut Sodôme, jetant son dernier râle au son lugubre du canon.

Cela ne nous est pas moins honteux à dire que cela nous fut hideux à voir.

Nous n'étions pas plus tôt installé, pour nos dix sous, dans cette salle remplie d'un monde, tout étranger pour nous, que le cauchemar de Sodôme s'incarna vivant à nos yeux, sous la parole des Vrignault et des Ratisbonne discutant, à l'abri de leur spectre — République, la capitulation de Paris.

Blessé au cœur par leurs subtils raisonnements où survint Thiers, ses yeux pleins de larmes sur notre trépas, par la bouche de M. Ratisbonne, nous jetâmes quelques notes sur un papier, et nous demandâmes à prendre la parole.

Elle nous fut accordée avec la plus grande bienveillance par M. le Président dont nous regrettons d'ignorer le nom, tant il fit de vains efforts pour nous la maintenir jusqu'au bout.

Nous crûmes devoir parler ainsi :

CITOYENS ET CITOYENNES ;

MESDAMES ET MESSIEURS,

Pour discuter notre héroïque situation, hérissée de politique et de canons, en en dégageant les faits

du passé, du présent, de l'avenir au point de vue de
nos appréciations, nous nous placerons sur un terrain complétement neutre avec tout notre respect
pour le droit de l'opinion de chacun de vous.

———

Nous voici à la fin du dernier acte de la tragique
féerie de ce second Bonaparte qui, depuis vingt
ans, tient le monde attentif à la marche de son
destin. Voyons quelle peut en être l'apothéose.
(*Tumulte dans la salle.*)

La vérité va se dire sur cette individualité la plus
mensongère du siècle, et sa tête ruisselante du sang
français, gravée dans notre histoire par le burin
de Satan, doit être, à tout jamais, l'Antéchrist de
nos rois. (*Cris: A l'ordre! à bas l'orateur! assez!
assez!*)

Prenons-le aujourd'hui à la dernière heure de ses
machinations. (*Redoublement de cris et de vacarme. L'assemblée autoritaire est consultée par
M. le président, et la majorité oblige l'orateur
de descendre de la tribune.*)

Si nous eussions continué :

Pareille à l'Helvétie courbant sa tête sous le joug
que la flèche d'un Tell dut renverser, la destinée de

l'Europe entière, fatalement mise en jeu par cette guerre impie du despotisme contre la liberté, et poussée jusqu'à la mort de Paris par Guillaume de Prusse, doit être infailliblement, pour un instant ou pour toujours, au pouvoir du vainqueur.

Toujours barbare, si tu triomphes,

Un instant République, si tu daignes terrasser le tyran.

Peuples et Rois, ne vous y méprenez pas.

Tenez, voyez plutôt :

Par l'effondrement de vos tréteaux tombant pièce par pièce, au signal des Mirabeau et des Danton, vous le savez aujourd'hui, tous les efforts de votre humaine puissance vous l'ont prouvé, l'âge de Pompéi est arrivé pour vous ; et vous vous engloutissez encore sous les cendres de vos canons, tout fumants de notre sang par votre œuvre de Caïn, sondant la profondeur de la vie humaine ; vous poursuivez sans trêve ni répit vos exécutions *Troppmanesques*, en invoquant à chaque pas l'approbation de votre Dieu.

Merveilles du génie, sciences, palais, villes, campagnes, moissons, vous ne respectez rien.

Vous voyez nos enfants, nos femmes, nos vieillards, tomber sous votre fer homicide ; vous élevez vos yeux au ciel, et vous continuez toujours.

Mais enfin, qui donc croyez-vous être ?

*
* *

Quand Dieu, dit votre histoire, eut créé le monde selon votre façon, après une certaine durée d'un équilibre parfait de justice et de bonheur, il se déclara, par la seule volonté de l'homme, un élément du Mal qui s'incarna dans toute notre espèce.

De là, dites-vous, viennent nos divisions. Et vous, rangés sur le côté du juste, vous tenez dans vos mains les rênes de nos vies, accomplissant votre œuvre de remorqueurs du monde sur sa voie de retour à sa félicité première.

En vérité, c'est un rôle admirable ; un rôle digne du Plus-Haut. Mais voyons s'il est à votre taille ?

*
* *

Vous l'avez dit à Sébastopol, colosse du Nord, qui, jusque-là, croyiez réalisable la prédiction du captif de Sainte-Hélène, glorieuse et alléchante pour votre appétit de Slave.

Nous échappâmes alors de vos mains en arrêtant votre absorbante puissance.

Notre pied de là se raffermit plus fort sur l'orbite du progrès et de la civilisation.

L'Angleterre commençait déjà d'ouvrir ses grandes assises au concours des cerveaux humains. Nous nous y vîmes et nous nous y tâtâmes tous.

Cause des rois, vous fûtes perdue alors :

Et vous le reconnûtes si bien que, pour mettre un frein au génie émancipateur des peuples, vous préparâtes la grande apothéose que nous verrions demain, à la levée du rideau, si les traîtres canons de Napoléon-Guillaume finissaient leurs actes par la conquête de la France.

En intrigues, vous êtes forts.

Devant vous, nos Sardou doivent porter les armes.

Vous, Bismark, vous êtes le premier.

La plage de Biarritz, mon pays, me l'a dit : vos menées sont gravées sur son sable.

La marée monte. Allons vite. Le dénoûment arrive à grand train.

Peuples et rois, que vos yeux se dessillent.

L'aigle des grands empires égalitaires vous tient sous l'envergure de ses ailes ; gare à ses serres !

Conférenciers de Londres, seriez-vous donc ses dupes?

Bords du Nil et du Bosphore, auriez-vous oublié la visite de Théba?

Assassin de Prim, quel est l'or qui t'a valu ce si tardif courage?

*
* *

Et vous croyez, parqueurs de peuples, que même la France apaisée par la satisfaction de ses instincts matériels, — que la paix de l'Europe assurée par la force de vos alliances infernales, par le désarmement de vos troupeaux d'esclaves, par l'équilibre de votre partage équitable des roitelets qui vous entourent, et par l'isolement de leurs aînés, insulaires et péninsulaires, vous croiriez, dis-je, exécuter ainsi les ordres de votre Dieu de justice et de paix?

Non! vous ne le pensez pas.

Vous n'auriez même pas la force de le dire.

La honte de vos forfaits vous enclouerait la gorge.

Vous le voyez, vos meurtres sont en vain.

Assez de nos hétacombes fratricides !

Retirez-vous !!!

Maintenant à vous, Peuples, de parler.

A nous, Peuple français, de nous entendre.

II

Depuis que la tête d'un des derniers Capet est tombée sous le glaive vengeur de nos pères, et qu'à l'extinction du droit de cette race d'hommes de régner sur les hommes, a succédé ce régime bâtard qui, dans la moyenne de chaque dix années, arrive à la limite de sa révolution, — serait-il raisonnable pour nous, et juste pour nos descendants, de nous accrocher, encore une fois, à ce rameau flétri qui dessécha la main des Guizot et des Thiers au travail impuissant de sa vivification?

Non. Nous l'avons dit : jamais plus en arrière; mais toujours en avant.

A notre premier pas, attention :

Entendons-nous : Marchons d'accord, car nous ne le sommes pas tous.

Rappelons-nous 48.

*
* *

Elle nous revient aujourd'hui cette République si désirée, et pour laquelle nous versons nos larmes et notre sang.

Renfermons-la dans notre cœur, aimons-la de toute notre âme.

Elle est l'image de nos vierges pures dont l'amour, au contact de l'amour, glorifie et régénère nos foyers.

Comme elles, elle s'attache au peuple qui l'épouse, elle le suit, le garde, tant que chaque lendemain ne trahit pas son tendre amour d'hier.

Au moindre souffle impur, elle s'irrite, elle s'efface jusqu'à une autre génération.

Ah! je m'en souviens, et je vous le rappelle, hommes de cette époque, mes contemporains : ce fut nous, et nous seuls, qui fûmes cause de son départ d'alors.

Tout le monde l'aurait aimée ; mais nul de nous ne sut poser le dogme vrai de son culte.

Nous n'allâmes que d'erreur en erreur, de faute en faute, de crime en crime.

Prenons-y garde.

Aujourd'hui encore elle ne fait que nous apparaître, et elle ne nous appartient pas.

Pour qu'elle se repose, qu'elle n'entende pas le son des voix rauques et lugubres.

Bien des Romieu sont à l'affût.

Voyez depuis le 4 septembre.

Hommes des Fourier, des Proudhon, des Cabet, et tous, tant que nous sommes, dont la grandeur des mirages est trop loin de nos vues à tous, halte! Un instant. Attendons-nous.

Enfin, laissons en paix notre nature dans son travail de la vérité qui sort grande comme l'espace, longue comme le temps, et nous serons tous satisfaits.

*
* *

La République de ce jour porte en elle les droits et les principes de toutes les allégations véridiques qui nous ont divisés jusqu'ici.

Elle est sociale et partageuse.

Sociale, parce que, par les décrets formant sa constitution, elle ne peut et ne veut être, sans contexte, que la représentation complète de tous nos droits humains se dégageant, dans nos faits, sous les principes immuables de la liberté, jusqu'à la plus extrême limite de la justice.

Partageuse, parce que, avec elle, tout privilége disparaît, tout monopole s'efface.

Pour elle, au banquet de la vie, il n'est qu'un droit, ici bas : le Travail.

Liberté, Égalité, Fraternité, voilà sa Trinité-Devise.

Sauvegarde de la vérité, elle est pour elle un rempart inexpugnable.

Égale, en son armure, à la religion divine de nos pères que ses trois mystérieuses égides ont rendue la plus grande des religions des hommes, elle doit, sans péril, traverser tous les siècles futurs.

Français, depuis longs jours nous le savons, nous sommes forts.

Aujourd'hui avec notre grande République nous devenons invincibles.

Sous elle, de toute notre foi, rallions-nous tous, pour qu'elle couvre de sa fécondité, sans fin, les éléments incomparables de notre belle France.

Ses rayons de lumière, toujours d'aplomb sur nos têtes, feront de notre esprit un suprême génie, et si un jour il doit être un Dieu sur la terre, nous serons LUI : — Ce Dieu, dont la justice et le bien ont pu seuls jusqu'ici dévoiler l'existence ; — Lui, qui, dans tous les parcours, représente, sans cesse, l'immuable grandeur ; — Lui, que le feu du tonnerre, les révoltes des mers et le sac des tempêtes ne peuvent moins atteindre que les Flamarion le voir à travers leurs optiques. — A Lui, soutien, vengeur de tous les droits de l'homme communs à tous les hommes, nous dit en tous les temps l'histoire de nos mondes, ma patrie déchirée, à bout de ses efforts, de son dernier enfant demandera des armes, et Paris l'attendra sur son linceul de mort.

Bacon (du Gers).

Au moment où cette brochure devait paraître, les préliminaires de la paix, arrêtés entre les représentants du Gouvernement de la France et l'Empereur et les Rois de toute l'Allemagne, ont été sanctionnés par l'Assemblée nationale dont le siége était à Bordeaux, et maintenant est à Versailles.

Aujourd'hui c'est donc sur une autre voie que nos équilibristes vont replacer leur compas sempiternel.

Tant mieux!

L'équilibre de l'Europe par les Empires-Egalitaires eût été une trop grande monstruosité !

Bismark lui-même, ce valet indigne de Molière, en a tremblé d'effroi ; et il a reculé devant cette exécution des hautes-œuvres de son maître.

L'eût-il voulu, c'en était fait.

Il nous l'a dit: *La force prime le droit.*

Tout était arrangé d'avance.

Nous l'avons vu.

La Russie foulait déjà sous ses pieds les armes de la Justice française qui, depuis Sébastopol, lui barraient la route de Constantinople, sa capitale de droit, a dit toujours son Pierre le Grand.

Par son sceptre de Tout-Prenant, Guillaume le Mystique à sa couronne d'empire céleste avait aussi soudé les fleurons de la Germanie.

Le pilori de Wilhelmshœhe était la sanction humaine de cette machiavélique combinaison.

Ce cynique déchu espérait encore ressaisir la

France en rapportant l'Égypte dans sa voiture de Sedan.

Seul, l'esprit français a eu raison de toutes ces impuretés, et la paix qu'aujourd'hui la France va signer est la plus grande victoire qu'elle pouvait remporter.

Ce gouvernement, dont le premier représentant a accepté le titre de chef exécutif de la République française, va-t-il sincèrement entrer par ses décrets dans la voie de tout gouvernement républicain, et se rendre digne de son nom, en appartenant par les attaches de son autorité à tous les membres collectifs de la France?

Espérons-le.

C'est son devoir.

Les libertés complètes des travailleurs, autant que toutes celles des rentiers, capitalistes, philoso-phes, publicistes et penseurs, dont le besoin est im-périeux pour faire reprendre à la nation son élan de progrès vers les limites les plus élevées de la civili-sation, le réclament.

Maudits seraient un jour, qui ne pourrait être éloigné, les hommes qui, abusant de leur influence et de leur autorité acquises parmi nous, arriveraient, par leurs erreurs ou leurs mauvais penchants, à faire retourner en arrière, en reprenant les routes fatales du passé, *nos destinées* qu'il n'appartient qu'à la vérité de diriger vers le bien dont le chemin, reconnu aux yeux de la justice humaine, est tracé par cette auréole de lumière éclatante sortie du sanglant cataclysme de la fin de notre siècle dernier.

H. B.

Paris, Imprimerie Paul Dupont, rue J.-J.-Rousseau, 41 (627.4.1.)